L44b
898

LB 44
898

ORDRE

SUIVANT LEQUEL LES PRIÈRES SERONT CHANTÉES ET RÉCITÉES

PENDANT LA CÉRÉMONIE

DU SACRE

DE LEURS MAJESTÉS IMPÉRIALES.

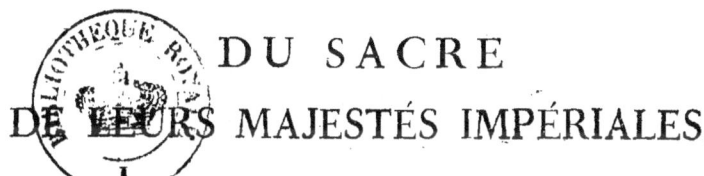

A L'ENTRÉE du Pape dans l'église, on chantera :

Tu es Petrus, et super hanc petram ædificabo ecclesiam meam, et portæ inferi non prævalebunt adversùs eam; et tibi dabo claves regni cœlorum.

Quand LL. MM. entrent dans le sanctuaire, S. S. vient au pied de l'autel entonner l'hymne suivante :

Veni Creator...

℣. Emitte spiritum tuum et creabuntur,
℟. Et renovabis faciem terræ.

OREMUS.

Deus qui corda fidelium sancti Spiritûs illustratione docuisti, da nobis in eodem spiritu recta sapere et de ejus semper consolatione gaudere. Per Christum dominum nostrum.

Le *Veni Creator* terminé, S. S. adresse à l'Empereur la demande suivante :

Profiterisne, charissime in Christo fili, et promittis coram

Deo et angelis ejus, deinceps legem, justitiam et pacem, ecclesiæ Dei, populoque tibi subjecto pro posse et nosse, facere ac servare, salvo condigno misericordiæ Dei respectu, sicut in concilio fidelium tuorum meliùs poteris invenire, ac invigilare ut pontificibus ecclesiarum Dei condignus et canonicus honos exhibeatur?

S. M., les mains sur le livre des évangiles, répond, *Promitto*. Aussitôt après que l'Empereur a prononcé cette promesse, S. S. récite la prière suivante, que tous les Évêques récitent aussi avec elle, mais d'une voix très-basse, pour n'occasionner aucune confusion. Ils récitent de la même manière toutes les prières du sacre, ayant soin de se régler sur ce que dit S. S., pour n'anticiper ni retarder cette récitation.

OREMUS.

Omnipotens sempiterne Deus, creator omnium, imperator angelorum, rex regum et dominus dominantium, qui Abraham fidelem servum tuum de hostibus triumphare fecisti, Moïsi et Josue populo tuo prælatis multiplicem victoriam tribuisti, humilemque David puerum tuum imperii fastigio sublimasti, et Salomonem sapientiæ pacisque ineffabili munere ditasti, respice, quæsumus, Domine, ad precem humilitatis nostræ, et super hunc famulum tuum Napoleonem quem supplici devotione in Imperatorem consecraturi sumus, ac consortem ejus, benedictionum tuarum dona multiplica, eosque dexteræ tuæ potentiâ semper et ubique circumda : quatenùs prædicti Abrahæ fidelitate firmati, Moïsis mansuetudine freti, Josue fortitudine muniti, David humilitate exaltati, Salomonis sapientiâ decorati, tibi in omnibus complaceant, et per transitum justitiæ inoffenso gressu semper incedant, tuæ quoque protectionis galeâ muniti, et scuto insuperabili jugiter protecti, armisque cœlestibus circumdati, optabilis de hostibus sanctæ Crucis victoriæ triumphum feliciter capiant, terroremque suæ potentiæ illis inferant, et pacem tibi militantibus lætanter reportent : per Christum Dominum nostrum, qui virtute sanctæ Crucis tartara destruxit, regnoque diaboli superato, ad cœlos victor ascendit, in quo potestas omnis regnique consistit victoria, qui es gloria humilium, et vita salusque populorum, qui tecum vivit et regnat in unitate Spiritûs sancti Deus. Per omnia.... Amen.

Après cette oraison, S. S., les Archevêques et Évêques récitent à genoux les litanies des Saints jusqu'au verset, *Ut omnibus fidelibus defunctis.*

Le Pape se lève, les Évêques restent à genoux, et récitent avec S. S. les trois versets suivans, en formant à son exemple, et conjointement avec elle, les signes de croix en forme de bénédiction indiqués ci-dessous.

℣. Ut hunc famulum tuum in Imperatorem coronandum et consortem ejus bene✠dicere digneris.

℟. Te rogamus audi nos.

℣. Ut hunc famulum tuum in Imperatorem coronandum et consortem ejus bene✠dicere et subli✠mare digneris.

℟. Te rogamus audi nos.

℣. Ut hunc famulum tuum in Imperatorem coronandum et consortem ejus bene✠dicere, subli✠mare et conse✠crare digneris.

℟. Te rogamus audi nos.

Pater noster.....

℣. Et ne nos inducas in tentationem.

℞. Sed libera nos à malo.

℣. Salvos fac servos tuos, Domine.

℞. Deus meus sperantes in te.

℣. Esto eis, Domine, turris fortitudinis.

℞. A facie inimici.

℣. Nihil proficiat inimicus in eis.

℞. Et filius iniquitatis non apponat nocere eis.

℣. Domine, exaudi orationem meam.

℞. Et clamor meus ad te veniat.

℣. Dominus vobiscum.

℞. Et cum spiritu tuo.

OREMUS.

Prætende, Domine, huic famulo tuo et consorti ejus dexteram cœlestis auxilii, ut te toto corde perquirant, et quæ dignè postulant consequi mereantur...

Actiones nostras, quæsumus, Domine, aspirando præveni et adjuvando prosequere, ut cuncta nostra oratio et operatio à te semper incipiat, et per te cœpta finiatur. Per Christum Dominum nostrum.

Pendant que LL. MM. s'avancent vers l'autel pour recevoir les onctions, la musique exécute le motet suivant :

Unxerunt Salomonem Sadoc sacerdos et Nathan propheta regem in Sion, et accedentes læti dixerunt : Vivat in æternum!

Pendant que S. S. fait à LL. MM. une triple onction,

elle dit les oraisons suivantes, que les Évêques récitent aussi ayant la mitre sur la tête :

Deus Dei Filius Jesus Christus Dominus noster, qui à Patre oleo exultationis unctus es præ participibus suis, ipse per præsentem sanctæ unctionis infusionem Spiritûs Paracleti super caput tuum bene✚dictionem infundat, eamdemque usque ad interiora cordis tui penetrare faciat; quatenus hoc visibili et tractabili oleo dona invisibilia percipere, et temporali imperio justis moderationibus peracto, æternaliter cum eo regnare merearis, qui solus sine peccato rex regum vivit, et gloriatur cum Deo Patre in unitate Spiritûs sancti Deus, per omnia sæcula sæculorum.

℟. Amen.

OREMUS.

Omnipotens æterne Deus, qui Hazael super Syriam, et Jehu super Israël, per Eliam, David quoque et Saulem, per Samuelem prophetam, in reges inungi fecisti; tribue, quæsumus, manibus nostris opem tuæ benedictionis, et huic famulo tuo Napoleoni quem hodie, licèt indigni, in Imperatorem sacrâ unctione delinimus, dignam hujus delibutionis efficaciam et virtutem concede. Constitue, Domine, principatum super humerum ejus, ut sit fortis, justus, fidelis, providus, et indefessus imperii hujus et populi tui gubernator, infidelium expugnator, justitiæ cultor, meritorum et demeritorum remunerator, ecclesiæ tuæ sanctæ et fidei christianæ defensor, ad decus et laudem tui nominis gloriosi, per Dominum nostrum, &c. ℟. Amen.

S. S. dit ensuite en faisant les onctions à l'Impératrice, l'oraison suivante :

Deus pater æternæ gloriæ, sit tibi adjutor, et omnipotens

bene☦dicat tibi , preces tuas exaudiat, vitam tuam longitudine dierum adimpleat, benedictionem tuam jugiter confirmet, et cum omni populo in æternum conservet, inimicos tuos confusione induat, et super te Christi sanctificatio atque hujus olei infusio floreat , ut qui tibi in terris tribuit benedic☦tionem, ipse in cœlis conferat meritum angelorum , ac bene☦dicat te et custodiat in vitam æternam Jesus Christus Dominus noster, qui vivit et regnat Deus in sæcula sæculorum. R/. Amen.

Après cette cérémonie de l'onction, LL. MM. sont reconduites à leur place par les mêmes personnes qui les avaient accompagnées. Le grand Aumônier de France prend le soin d'essuyer les endroits où les onctions ont été faites ; et pendant ce temps, S. S. commence la messe et la continue jusqu'au *graduel* inclusivement : les cardinaux, archevêques et évêques assistans récitent les prières de la messe avec S. S. jusqu'à l'*introit* exclusivement.

BÉNÉDICTION des Couronnes de l'Empereur et de l'Impératrice.

OREMUS.

Omnipotens sempiterne Deus , qui terrenos reges et imperatores ad exemplum Davidis dilecti tui, Salomonis et Joæ, diadematibus insigniri voluisti , ut dum regnant in terris gemmarum fulgore et ornamentorum splendore vivam tuæ majestatis exhibeant imaginem, effunde, quæsumus, super coronas istas bene☦dictionem tuam, ut qui eas gestaverint , virtutum nitore fulgeant, regique sæculorum immortali , qui se spinis coronari passus est, humilitate, misericordiâ et mansuetudine configurati per bonorum operum fructus immarcessibilem gloriæ coronam percipere mereantur per eumdem Christum.

BÉNÉDICTION DE L'ÉPÉE.

OREMUS.

Exaudi, quæsumus, Domine, preces nostras, et hunc gladium quo famulus tuus Napoleo accingi se desirat, majestatis tuæ dexterâ bene☩dicere dignare; quatenus defensio atque protectio possit esse ecclesiarum, viduarum, orphanorum, omniumque Deo servientium, contra sævitiam infidelium, aliisque insidiantibus sit pavor, terror et formido; per Dominum nostrum &c.

BÉNÉDICTION DES MANTEAUX.

OREMUS.

Omnipotens Deus, qui pallio Eliæ Jordanis aquas divisisti, quique per idem Eliseo servo tuo duplicem spiritum infudisti, exaudi, quæsumus, preces nostras, et hæc vestimenta bene☩dictionis tuæ rore perfunde, ut qui ea in signum potestatis induerint, virtutis tuæ sentiant effectum, diù vivant, prosperè procedant, pacificè regnent in terris, ac tecum in cœlis Sanctorum gloriâ vestiri gestiant : per Dominum &c.

BÉNÉDICTION DES ANNEAUX.

OREMUS.

Dæus totius creaturæ principium et finis, creator et consecrator generis humani, dator gratiæ spiritualis, largitor æternæ salutis, emitte bene☩dictionem tuam super hos annulos, ipsosque sancti☩ficare digneris : ut qui per eos famulis tuis honoris insignia concedis, virtutum præmia largiaris, quo discretionis habitum semper retineant, et veræ fidei fulgore præfulgeant, sanctæ quoque Trinitatis armati munimine, inexpugnabili virtute acies diaboli constanter evincant, et ipsis ad veram salutem mentis et corporis proficiant. Per Christum Dominum nostrum.

Les bénédictions étant faites, S. M. est conduite, dans l'ordre désigné ci-dessus pour les onctions, au pied de l'autel; et pendant sa marche et les cérémonies qui suivent, la musique impériale exécute le motet suivant:

Accingere gladio tuo super femur tuum, potentissime, specie tuâ et pulchritudine tuâ intende, prosperè procede, et regna.

PRIÈRE pour la Tradition des Anneaux.

Accipe hunc annulum, signaculum fidei sanctæ, argumentum potentiæ ac soliditatis imperii, per quem scias triumphali potentiâ hostes vincere, hæreses destruere, subditos coadunare, et catholicæ fidei perseverabiliter connecti.

PRIÈRE pour la Tradition de l'Épée.

Accipe gladium de altari sumptum, per nostras manus, licèt indignas, vice tamen et auctoritate Apostolorum consecratas, tibi oblatum, nostræque bene-✝-dictionis officio in defensionem sanctæ Dei ecclesiæ divinitùs ordinatum; et memor esto ejus de quo Psalmista prophetavit, dicens : Accingere gladio tuo super femur tuum, potentissime, ut in hoc per eumdem, vim æquitatis exerceas, molem iniquitatis potenter destruas, et sanctam Dei ecclesiam ejusque fideles propugnes ac protegas, nec minùs sub fide falsos quàm christiani nominis hostes dispergas, viduas et pupillos clementer adjuves ac defendas ;

desolata restaures, restaurata conserves ; ulciscaris injusta, confirmes bene disposita : quatenus hæc agendo, virtutum triumpho gloriosus justitiæque cultor egregius, cum mundi Salvatore, sine fine regnare merearis, qui cum Deo Patre et Spiritu sancto regnat Deus per omnia sæcula &c.

PRIÈRE pour la Tradition des Manteaux.

Induat te Dominus fortitudine suâ, ut dum vestimenti hujus splendore fulgeas exteriùs, virtutum meritis splendeas interiùs, illius oculis quem nec præterita fugiunt, nec futura latent, per quem reges regnant, et legum conditores justa decernunt, in nomine Patris✝et Filii✝et Spiritûs✝Sancti.

PRIÈRE pour la Tradition de la Main de justice.

Accipe virgam virtutis et veritatis, quâ intelligas te obnoxium mulcere pios, terrere reprobos, errantes viam docere, lapsis manum porrigere, disperdere superbos et relevare humiles. Aperiat tibi ostium Jesus Christus Dominus noster, qui de semetipso ait, Ego sum ostium ; per me si quis introierit, salvabitur : qui est clavis David et sceptrum domûs Israel ; qui aperit et nemo claudit, claudit et nemo aperit ; sitque tibi ductor, qui educit vinctum de domo carceris, sedentem in tenebris et umbra mortis ; et in omnibus sequi merearis eum de quo David propheta cecinit, Sedes tua, Deus, in sæculum sæculi, virgâ directionis, virga regni tui ; et imitando ipsum, diligas justitiam, et odio habeas iniquitatem, quia propterea unxit te Deus ; Deus tuus ad exemplum illius quem ante sæcula unxerat oleo exultationis, præ participibus suis, Jesum Christum, qui cum eo vivit et regnat Deus, per omnia sæcula sæculorum &c.

Prière pour la Tradition du Sceptre.

Accipe sceptrum, potestatis imperialis insigne, virgam scilicet imperii rectam, virgam virtutis, quâ te ipsum bene regas, sanctam ecclesiam populumque christianum tibi à Deo commissum regiâ virtute ab improbis defendas, pravos corrigas, rectos pacifices; et ut rectam viam tenere possint, tuo juvamine dirigas: quatenus de temporali imperio ad æternum regnum pervenias, ipso adjuvante cujus regnum et imperium sine fine permanet in sæcula sæculorum. Amen.

Prière pendant que l'Empereur prend la Couronne.

Coronet te Deus coronâ gloriæ atque justitiæ, honore et opere fortitudinis, ut per officium nostræ bene✝dictionis, cum fide rectâ, et multiplici bonorum operum fructu, ad coronam pervenias regni perpetui, ipso largiente cujus regnum et imperium permanet in sæcula sæculorum. Amen.

S. S. répète les prières déjà récitées dans la tradition de l'anneau, du manteau et de la couronne à l'Empereur, lorsque l'Impératrice reçoit les mêmes ornemens.

Le *Te Deum* sera chanté à la fin de la messe.

Te Deum laudamus; te Dominum confitemur.
Te æternum patrem omnis terra veneratur.
Tibi omnes Angeli, tibi cœli, et universæ potestates;
Tibi Cherubim et Seraphim incessabili voce proclamant:
Sanctus,
Sanctus,
Sanctus,
Dominus Deus sabaoth.

Pleni sunt cœli et terra, majestatis gloriæ tuæ.

Te gloriosus Apostolorum chorus,

Te Prophetarum laudabilis numerus,

Te Martyrum candidatus laudat exercitus.

Te per orbem terrarum sancta confitetur Ecclesia,

Patrem immensæ majestatis :

Venerandum tuum verum et unicum Filium,

Sanctum quoque paracletum Spiritum.

Tu Rex gloriæ, Christe;

Tu Patris sempiternus es Filius.

Tu ad liberandum suscepturus hominem, non horruisti Virginis uterum.

Tu, devicto mortis aculeo, aperuisti credentibus regna cœlorum.

Tu ad dexteram Dei sedes in gloria Patris.

Judex crederis esse venturus.

Te ergo quæsumus famulis tuis subveni, quos pretioso sanguine redemisti.

Æterna fac cum Sanctis tuis in gloria numerari.

Salvum fac populum tuum, Domine, et benedic hæreditati tuæ.

Et rege eos, et extolle illos usque in æternum.

Per singulos dies benedicimus te.

Et laudamus nomen tuum in sæculum, et in sæculum sæculi.

Dignare, Domine, die isto, sine peccato nos custodire.

Miserere nostrî, Domine, miserere nostrî.

Fiat misericordia tua, Domine, super nos, quemadmodum speravimus in te.

In te, Domine, speravi : non confundar in æternum.

℣. Firmetur manus tua et exaltetur dextera tua.

℟. Justitia et judicium præparatio sedis tuæ.
℣. Domine, exaudi orationem meam.
℟. Et clamor meus ad te veniat.
℣. Dominus vobiscum.
℟. Et cum spiritu tuo.

OREMUS.

Deus qui victrices Moïsi manus in oratione firmasti, qui, quamvis ætate languesceret, infatigabili sanctitate pugnabat, ut dum Amalech iniquus vincitur, dum prophanus nationum populus subjugatur, exterminatis alienigenis hæreditati tuæ possessio copiosa serviret, opus manuum tuarum piæ nostræ orationis exauditione confirma. Habemus et nos apud te, sancte Pater, Dominum Salvatorem, qui pro nobis manus suas extendit in cruce, per quem etiam præcamur, Altissime, ut tuâ potentiâ suffragante, universorum hostium frangatur impietas: per eumdem Christum Dominum nostrum &c. Amen.

OREMUS.

Deus, inerrabilis auctor mundi, conditor generis humani, confirmator imperii, qui ex utero fidelis amici tui patriarchæ nostri Abrahæ præelegisti regem sæculis profuturum; tu præsentem insignem Imperatorem, cum consorte sua et exercitu, per intercessionem beatæ Mariæ semper Virginis et omnium Sanctorum, uberi bene✠dictione locupleta, et in solium regni firmâ stabilitate connecte; visita eos sicut visitasti Moïsen in rubo, Josue in prælio, Gedeonem in agro, Samuelem in templo, et illâ eos idereâ bene✠dictione, ac sapientiæ suæ rore profunde, quam beatus David in psalterio et Salomone filius ejus, te remunerante, percepit de cœlo. Sis eis contra acies inimicorum lorica, in adverso galea, in prosperis sapientia, in protectione clypeus sempiternus; et præsta ut gentes illis teneant fidem, proceres eorum habeant pacem, diligant caritatem, abstineant se à cupiditate, loquantur justitiam, custodiant veritatem; et ita populus iste sub eorum imperio pullulet, coalitus benedictione æternitatis, ut semper tripudiantes maneant in pace ac victores : quod ipse præstare dignetur, qui tecum vivit et regnat in unitate Spiritûs sancti Deus, per omnia sæcula sæculorum. Amen.

PRIÈRE pendant l'Intronisation.

S. S., en faisant asseoir LL. MM. sur leur trône,

In hoc imperii solio confirmet vos Deus, et in regno æterno secum regnare faciat J. C. Dominus noster, rex regum et dominus dominantium, qui cum Deo Patre et Spiritu sancto vivit et regnat per omnia sæcula sæculorum. Amen.

Après avoir prononcé ces paroles, S. S. baise l'Empereur sur la joue, et, se tournant vers les assistans, dit à haute voix : *Vivat Imperator in æternum!*

DE L'IMPRIMERIE IMPÉRIALE.
Frimaire an XIII.

www.ingramcontent.com/pod-product-compliance
Lightning Source LLC
Chambersburg PA
CBHW060449050426
42451CB00014B/3237